Monika Grundei

AF189491

„Wenn die Sinne Verse schreiben"

Unter Themen geordnet

*Bibliografische Information der Deutschen
Nationalbibliothek:
Die Deutsche Nationalbibliothek verzeichnet diese
Publikation
in der Deutschen Nationalbibliografie; detaillierte
bibliografische
Daten sind im Internet über http / /dnb.dnb.de abrufbar.*

2019 Monika Grundei

*Herstellung und Verlag
BOD–Books on Demand, Norderstedt*

ISBN 9783748177975

Text: Monika Grundei
Umschlaggestaltung: Monika Grundei
Satz und Grafiken: Monika Grundei

 Malerin und Autorin
Geb. 1937 in Schweidnitz / Ndschl. Nach
Krieg, Vertreibung wurde
Norddeutschland die neue Heimat. Die
Liebe zu diesem Landstrich fasziniert
mich immer wieder aufs Neue.

In der Malerei ist es die Weite der Landschaft und der
schier unendliche Himmel, das Meer und die Menschen,
die so bodenständig und unkompliziert sind.

Beim Schreiben beeindruckt mich die Stille, die hier
noch an vielen Orten zu finden ist und die Verbindung
zwischen Natur und Gottes Schöpfung, von der ich
erzählen möchte in Versen und Meditationen.

Verse des Lebens

Farbe

Es gibt Farben ohne Zahl,
und ich suche lange aus,
welche wohl für dies geeignet,
was von mir grad' wurd' gezeichnet

Sollte es mit bunten Farben,
leuchtend den Besucher wecken,
oder nur ganz leicht vertrieben,
sich in diesem Bild verstecken?

Das ist eigentlich der Sinn,
für Besucher in Museen,
dass sie sich im Bild selbst finden
ihre Seele darin sehen.

Denn was soll ein totes Bild,
dass keine Gefühle weckt?
Dann kannst du vorrübergehen,
weil es nur das Weiß verdeckt.

Tanz

Tanz, sind Schritte Takt für Takt
und die Melodie, sie trägt.
Herz und Körper sie sind eins,
schwingen hoch, wie ein Gebet.

Liebe, Freude, Innigkeit,
drücken diese Schritte aus
und dein Inneres vibriert,
lass die Emotionen raus.

Schwebe über das Parkett,
zeige deine Leichtigkeit.
Lass dich tragen von dem Klang,
bis in die Unendlichkeit.

Tanz ist eine Leidenschaft,
die die Menschen stets erfasst.
Sorgen ziehen himmelwärts,
denn die Freude ist dein Gast.
M:G.

Fußball

Fußball ist wie eine Droge
und es zieht dich auf den Platz.
Ja, schon lange vor dem Anpfiff
schreist du deinen Jubelsatz.

Denn dein Sinn steht nur auf siegen,
anders kann das gar nicht sein.
Deine Mannschaft ist die Beste
und sie schießt den Ball schon rein.

Ecke, Freistoß und Elf Meter,
was für Chancen gibt es da.
Fouls, die möchte man nicht sehen,
doch es wird versucht für wahr.

Ach es gab die gelbe Karte,
die man schon vertragen kann.
Bein gestellt und Unschuldsmine
und vom Ball getrennt den Mann.

Jedes Spiel geht an die Nerven,
Jubeln, Zittern, alles drin.
Doch die Fans sie sind begeistert
und zum Schluss heißt es
---GEWINN …

Das war wieder eine Sause,
was könnte wohl schöner sein
und mit Bier und Fähnchen schwenken,
fährt beglückt man wieder heim.

Die Sonne

Die Sonne sinkt und wandert abwärts
und blinzelt durch ein Wolkenloch.
Gibt einen letzten Blick auf Wärme
und ruft uns zu, ich lebe noch.

Sie sagt, sie gönnt uns eine Ruhe
von ihrem Glanz und ihrem Licht.
Sie ist nicht nur für unsre Breiten
das Leben, nein, das ist sie nicht.

Auf unsrer Erde warten Menschen,
wenn hier alles zur Ruhe geht,
auf einen Anfang und den Morgen,
weil sich die Erde nun mal dreht.

So gibt es für sie keinen Abend,
auch keine Ruhe, keine Nacht.
Ihr Licht ist da, zu jeder Stunde
wie Gott, der über uns stets wacht.

Essen

In unserer Gesellschaft,
ist Essen ganz normal.
Wir brauchen nicht zu sparen,
wir haben stets die Wahl.

Wir stehen vor den Tresen
mit ihrem Überfluss
und können uns nicht entscheiden,
wo hin geht der Genuss?

Wild, Schwein, Geflügel,
alles, ist beste Qualität.
Wir kaufen ohne Fragen,
wie es den Tieren geht.

Bedenken kommen leider
erst wenn die Presse schreibt,
wie der Transport, die Schlachtung,
den Preis nach unten treibt.

Es ist nicht nur der Braten,
der zu oft wird verzehrt,
den Fischen geht's nicht anders,
wie uns das Fernsehen lehrt.

Hier Überfluss, Vernichtung,
im andren Teil der Welt,
da könnten viele leben,
von dem, was hier abfällt.

Gäbs eine Weltregierung,
wie, wohl einmal gedacht,
dann könnten alle leben-
„ Das ist ein Traum der Nacht.“

Wie wird es einmal enden,
mit unsrer schönen Welt
und wer wird dann wohl siegen,
die Armut ? Oder Geld?

Die Amsel

Die Amsel singt ihr Abendlied
von Fern erschallt die Antwort.
Ich möchte wissen, was sie singt,
doch bleibt verborgen mir ihr Wort.

Das Zwitschern, es geht hin und her,
es gibt viel zu berichten,
von Sonne, Wärme, Frühlingsduft.
Was sind das für Geschichten?

Sie schwingen hoch zum Herrn der Welt
aus kleinen, reinen Kehlen.
Ich lasse meinen Dank dabei
mit ihnen aufwärts schweben.

Ein Sommertag

Ein Blick auf die Uhr,
es ist noch sehr früh am Morgen,
aber der Himmel zeigt bereits einen winzigen Strich,
unter dem wohl noch immer die Sonne verborgen.
Ein Funke von Licht, lässt den Tag erahnen.

Der Schlaf ist besiegt
und das Leben erwacht,
welches die Sehnsucht weckt nach verborgenem Licht,
das vom Werden kündet und dem Sieg über die Nacht.
Wie ein Zeichen der Auferstehung – jeden Tag -.

Ich bin fasziniert,
vom Spiel dieser Farben,
die langsam verschmelzen zu himmlischem Blau,
um uns in unendliche Weiten zu tragen,
wo uns Licht und Wärme erwarten wird.

So sind die Tage,
voll duftender Blüten,
aus denen die Bienen sich am Nektar berauschen.
Wir aber lassen uns gerne vom Schöpfer behüten,
denn alles ist Sommer, wenn der Frieden obsiegt.

Stille

Kein Laut dringt an mein Ohr.
Dunkelheit umgibt mich.
Ich fühle mich selbst
und nur die Angst ist davor.

Ich lausche bis zum Morgen
und spüre nichts in mir
und doch bin ich geborgen,
was tue ich dafür?

Die erste Vogelstimme,
erlöst mich aus der Starre
grüßt mich und zeigt das Leben,
auf das ich sehnlichst harre.

Es zeigt, erst wenn der Lärm verstummt,
bin ich bereit zu hören,
den leisen Laut der Ewigkeit
in der die Stimmen stören.

Das Meer

Was verbinde ich mit Meer?
Wasser, Wellen, Algen, Krabben,
endlos bis zum Rand der Erde,
wo das Nass den Himmel küsst
und die Zwei zu Einem werden.

Steigt die Sonne morgens auf,
wie aus einem kühlen Bade,
noch ein wenig blass vom Schlaf,
glitzert ein Silberstreifen auf,
der auf kleine Wellen traf.

An der Küste Nebelschwaden,
die von Seegras aufgefangen
und vom neuen Tage künden.
Frische atmet diese Luft,
Sehnsucht ewiges Glück zu finden.

diesen Morgen nicht vergessen,
er verführt zum Bad im Meer.
Shoppinglauf auf Promenaden,
bis die Beine müd' und schwer.

wo die Sonne Stück für Stück
langsam scheint ins Meer zu sinken,
Himmel, Wasser, rot sich färben,
scheint die Ewigkeit zu winken.

Ruhig atme diese Stille,
sie ist wie des Schöpfers Hauch,
der dich einhüllt, du begreifst,
dass du damit ja vielleicht,
deinem Nächsten Wege weist.

Das Rätsel

Wozu ist wohl ein Rätsel gut?
Es gibt so viele, die gern raten,
doch die Antworten sind leicht,
du brauchst nicht lange drauf zu warten.

Des Lebens Rätsel jedoch sind
sehr schwer und Antworten oft fehlen
und Lösungen sind nicht in Sicht,
was wir auch für den Ausweg wählen.

Weil jeder einzigartig ist,
gibt es so vieles zu bedenken
und wir begreifen schnell, wie schwer,
der Kurs auf rechte Bahn zu lenken.

Da gibt es viele falsche Fährten,
die einladend im Wege stehen,
doch Vorsicht, denn zu schnelles Handeln,
kann dabei leicht ins Auge gehen.

Erwäg, was deine Stimme sagt,
die dir im Inneren gegeben
und warte, ob du ihr vertraust
und du nicht gehst auf falschen Wegen.

Beim Lösen deines Lebensrätsels,
musst du die Antwort sicher wissen,
denn nur so ist das Lösungswort
das heiß ersehnte Ruhekissen.

Doch die Gewinnchance, sie ist groß,
entscheidet dort doch nicht das Los.

Unsere Welt

Wie ist unsre Welt zu retten,
überall nur Krieg und Leid
und die wenigen weißen Flecken
werden kleiner mit der Zeit.

Was bewegt sich in den Köpfen
derer, die die Welt regieren?
Nur der eigne Drang nach oben,
skrupellos dorthin sparzieren?

Vorteile, die muss man nutzen,
denn die Macht ist einfach schön.
Menschlichkeit und Rücksichtnahme
Werden gerne übersehen.

Und nicht alle, die da helfen,
können geben ohne Maß,
denn sonst läuft ihr eignes Leben
aus der Bahn, das ist kein Spaß.

Und für Menschen, die geflüchtet,
weil ihr Land kaputt und fremd,
sollte auch Verständnis wachsen,
weil die Angst im Herzen brennt.

Es ist schwer an allen Fronten,
stets das Richtige zu tun
und die Schuldzuweisung sollte,
bei Parteien endlich ruhen.

Ich vermisse bei Muslimen
auch ein starkes Mitgefühl
und bei Anschlägen Distanzen,
dass das wirklich nicht ihr Spiel.

Denn es gibt in diesen Lagen
nur ein Ziel, das Hilfe bringt.
Seht in jedem nur den Menschen,
den der Schöpfer zu uns bringt.

Der Sonnenschirm

Ein Sonnenschirm, der ist ganz gut,
er schützt bei Blitzgewittern.
Wenn plötzlich große Tropfen fallen,
die Luft fängt an zu zittern.

Doch meistens steht er ungenutzt,
im Schuppen in den Ecken.
Dafür ist er doch nicht gemacht,
er muss sich nicht verstecken.

Hol ihn heraus und stellt ihn hin,
er lockt heraus die Sonne,
auch wenn sie nicht vom Himmel scheint,
dein Herz regt sich, o Wonne.

Bilder ziehen an dir vorbei,
vom Urlaub in der Ferne,
das alles kann der Sonnenschirm,
er zaubert für dich gerne.

Uns fehlt nur oft die Phantasie,
weil dunkle Wolken ziehen,
nicht nur am Himmel,
nein bei uns, im Kopf, lass sie entfliehen.

Vielleicht hilft dir der Sonnenschirm
ganz positiv zu denken,
denn schon die nächste Urlaubszeit,
kann dir die Freude schenken.

Zähne

Zähne sind im Leben wichtig,
sind sie doch zum Kauen da.
Wenn sie kommen, ist es schmerzhaft,
doch man braucht sie, das ist klar.

Nicht nur für die Nahrungsmittel
zum Zerkleinern, nein auch so.
Kinder nehmen sie als Waffe,
beißen andere in den Po.

Später muss man sehr dosieren,
was man mit den Zähnen kaut
und man muss sie gründlich pflegen,
dass sie nicht zu schnell verbraucht.

Früher konnte es passieren,
dass die Oma kurzerhand,
ihren Zähnen Pause gönnte
und sie nahm sie in die Hand.

Heute kannst du neue pflanzen,
in den Kiefer, tief hinein,
oder einfache Variante,
setz sie mit einem Druckknopf ein.

Besser jedoch sind die Eignen,
denn ein jedes Kunstgestell,
dauert lange und macht Schmerzen,
darum putz die Eignen hell.

Doch wer weiß, in wie viel Jahren,
ist das alles nicht mehr in.
Weil dir neue wachsen können,
gleich mit Gold und Perlen drin.

Buch schreiben

Wie schwer ist es ein Buch zu schreiben,
so vieles möchte aufs Papier.
Zunächst musst du Gedanken ordnen
Wird es ein Du oder ein Wir?

Personen möchtest du beschreiben,
jedoch nicht nur rein äußerlich.
Was denken und was fühlen sie,
ihr Leben soll berühren dich.

Soll deine Negier auf sie wecken.
Kannst du dich etwa wiederfinden,
in ihrem Denken, ihrem Handeln
und können sie dich an sich binden?

Das Leben soll sich wiederfinden,
für jeden Leser ist das schwer.
Die Spannung muss gehalten werden,
bis ganz zum Schluss, doch bitte sehr.

Wenn man den Büchermarkt betrachtet,
glaubt man, das alles schon gesagt,
die Wirklichkeit belehrt uns aber,
dass da so manches nachgefragt.

Nicht alles, was da liegt zu schreiben,
kann unbedenklich aufs Papier.
Es gibt Gesetze, die es schützen,
trotz Meinungsfreiheit glauben wir,

dass wir mit Worten nicht verletzen,
die Wahrheit aber braucht den Raum.
Es ist ein Tanz auf dünnem Eise,
von Echtheit, Phantasie und Traum.

Doch das gerade reizt den Schreiber.
Wie viel gibt er von sich da preis?
Spielt er mit Worten oder Menschen?
Zum Schluss, da schließt sich dieser Kreis.

Heinzelmännchen

Gibt es diese kleinen Helfer,
die da durch die Märchen ziehen
und so viele arme Menschen
bei so schwerer Arbeit dienen?

Heimlich, emsig, fleißig sind
und das stets nur in der Nacht.
Ja, die kleinen Heinzelmännchen
Haben eine große Macht.

Es gibt sie nicht nur im Märchen,
nein, der Nachbar kann es sein.
Hilfsbereit und freundlich handelt
und der dich nicht lässt allein.

Ja, die Heinzelmännchen sind es,
die uns oft verborgen sind,
weil sie nicht im Lichte stehen.
Tun es leis, wie lauer Wind.

Und doch sind sie echte Helfer,
stets verlässlich in der Not,
die nicht warten auf Belohnung,
helfen für ein Stückchen Brot.

Oft sind diese Heinzelmännchen
für die Umwelt arm und klein.
Doch die hilfsbereiten Herzen
Strahlen hell, wie Sonnenschein.

Das Terrassendach

Die Terrasse überdacht,
das ist was, was Freude macht.
Wolken liegen auf der Lauer
und bescheren uns Regenschauer,

die so schnell vom Himmel prasseln,
eilig musst du Kissen fassen.
Ohne Dach ist das dann krass.
Alles ist im Nu klitsch nass.

Doch ein Dach aus schönem Glas,
schenkt dir Ruhe und auch Spaß.
Streck dich aus, lass dich verwöhnen,
auch wenn Regen fällt in Strömen.

Freude

Die erfasst uns tief im Herzen.
Wievielmal, das weißt du nicht,
denn der Anlass zu der Freude
ändert stets sein Angesicht.

Anfangs sind es Kinderfreuden,
die erfüllt im Elternhaus
und sie wachsen mit dem Alter,
für das Spiel ist es jetzt aus.

Nun zieht in das Herz die Freude,
die aufs Leben Einfluss nimmt.
Das beginnt mit kleinen Dingen,
wo das Leben einfach stimmt.

Eine Auszeit, ein paar Stunden,
vielleicht eine Wellnesskur,
wo du spürst, dass unser Leben,
läuft auf einer andren Spur.

Hier hat Stress nichts mehr zu suchen.
Laufen durch den Sand am Meer
und sich nur noch selber spüren,
das ist Freude bitte sehr.

Danach kannst du wieder starten,
doch du wirst besonnen sein,
weil du weißt, dass unser Leben,
nicht besteht aus Glanz und Schein.

Du bist hier um mit zu hüten
unsre Erde, die Natur.
Tiere, Pflanzen, Luft und Wasser
und das kann die Menschheit nur.

Sieh, wenn jeder das im Blick hat,
wäre dies eine Option,
um zu retten den Planeten,
das wär doch ein schöner Lohn.

Freude könnte daraus sprießen
über Berge, Wüsten, Meer,
denn die Schönheit unsrer Erde
zu erhalten ist so schwer.

Menschen unsrer Zeit, sie handeln,
kurzsichtig, für den Moment,
Holzen Wälder ohne Ende.
Luxus, das ist unser Trend.

Jeder sollte jetzt erwachen,
denn es ist die höchste Zeit.
um zu retten, all die Schönheit,
die die Schöpfung hält bereit.

Gedanken

Gedanken, die den Kopf besetzen,
die kennen alle sicherlich.
Sie sind wie lästige Vertreter,
die uns bestürmen, ewiglich.

Und das zu unmöglichen Zeiten,
schleichen sie frech in unsere Köpfe
und kreisen dort auf Endlosbahnen,
steck sie in deine Schweigetöpfe.

Doch drück den Deckel gut darauf,
denn sie sehen jede kleine Ritze
um sich ganz blitzschnell zu befreien
und neu zu starten ihre Blitze.

Frag dich, ob du den Plagegeistern,
so viele Plätze reservierst.
Wär es nicht klug, du setztest Schranken,
an denen du sie kontrollierst?

Du legst dich müde nachts zur Ruhe
und denkst, jetzt werden sie auch schlafen,
doch kaum hast du die Augen zu,
dreht es sich Neu, um dich zu strafen.

Denn diese Geister rufst du selber,
sind deine Sorgen und Beschwerden.
Betrachte sie in aller Ruhe
und danach werden sie stille werden.

Sag dir, das ist ein Teil des Lebens,
nun gut, es gibt auch schöne Dinge.
Hol' diesen Schatz aus dir hervor
und schau ihn an, das wird dir bringen,

die Ruhe und der Kopf wird schweigen,
denn Liebe und ein gutes Wort,
zur rechten Zeit zu dir gesprochen,
treibt deine Sorgen sicher fort.

Besuch

Lieben wir's wenn Gäste kommen,
die wir lange nicht gesehen
aus der Jugend uns erzählen,
und mit uns dann rückwärts gehen?

Alte Fotos uns dann zeigen,
wo wir froh und ohne Sorgen,
mit den Freunden in den Nächten
durch die dunklen Straßen zogen?

Wo wir unsre Zukunft planten
und noch alles vor uns lag,
was vom Leben wir erträumten,
Liebe, Freude, Sonnentag?

Wenn so alte Freunde kommen,
ist die Freude riesen groß,
auch wenn ferne Jugendträume,
fielen nicht in unseren Schoß.

Doch der Jahre Weisheit zeigte,
dass auf unsrem Lebensweg,
auch die Seitenstraßen leuchten.
Glück liegt auf dem kleinsten Steg.

Heute sehen wir gerne rückwärts,
die Erinnerung ist schön
und nach vorne ist noch Vieles,
was wir wünschen, noch zu sehen.

Deichfest

Stöckter Deichfest wird gefeiert.
Ist uns das heut noch bekannt,
dass ein Deich in früheren Jahren
schlimmes Unheil oft gebannt?

Heut ist er für viele Menschen,
nur ein Freizeit-Wanderweg
für die Schönheit unsrer Heimat,
ein erfreulicher Beleg.

Dass die Menschen, die dort leben,
ihn mit einem Deichfest ehren
ist ein wunderbares Zeichen
und er selbst wird sich nicht wehren.

Meine Heimat waren die Berge,
wenn auch nicht gewaltig hoch,
und man musste mir erklären,
warum hier ein Weg so hoch.

Viele Jahre meiner Kindheit,
lebte ich an diesem Deich
und ich liebte ihn ob Sommer
oder Winter immer gleich.

Viele Spiele waren möglich,
ob mit Stelzen auf und ab,
oder auch im kalten Winter,
wo es Möglichkeiten gab.

Und erst viele Jahre später,
wurde mir sein Dienst bewusst,
als bei einer großen Sturmflut
nur er gab den Menschen Schutz.

Wo er nicht so stark verankert,
blieb Zerstörung nur zurück.
So ist dieses Fest berechtigt,
zu erhalten dieses Stück.

Dass noch viele Jahre weiter,
er Schutz und Erholung sei,
wünschen nicht nur Deichbewohner.
Hier sind alle mit dabei.

Der Akku ist noch nicht ganz leer

Hast du die 70 überschritten
und kannst du bald die 80 sehn,
dann ist dein Laufen früh am Morgen,
Versuch, die Zahl zu übersehen.

Doch leider lässt sie sich nicht streichen,
unweigerlich geht sie voran.
Da kannst du strampeln viele Stunden,
es bleibt dabei, ob Frau, ob Mann

Doch eines wächst, trotz dieser Zahl.
Dein Selbstbewusstsein geht bergauf
und stoppt den Trend der Abwärtskurve
durch deinen morgendlichen Lauf.

Dein Körper sammelt alle Kräfte
und du fühlst dich sehr gut dabei,
selbst Wind und Regen können nicht schrecken,
die Lunge bläht sich und wird frei.

Warum hast du so lang gewartet
fragst du dich, liegt es an der Zeit,
weil deine Jahre kürzer werden
und du erst jetzt dazu bereit?

Egal, es kann schließlich nicht schaden,
besser erst jetzt, als gar nicht mehr.
Es zeigt mir auch, bei aller Mühe,
der Akku ist noch nicht ganz leer.

Heiße Tage gehen vorüber

Heiße Tage gehen vorüber,
Sonne schleicht sich langsam raus.
Doch sie hat uns viel gegeben,
jetzt knippst sie die Lichter aus.

Tage werden merklich dunkler,
weil die Sonne müde ist
und sie mahnt auch uns zur Ruhe,
wenn sie leicht den Himmel küsst.

Sie errötet und sinkt leise
in das kühle Nass im Meer.
Wenn sie aufsteigt ist sie blasser
und so heiß ist sie nicht mehr.

Doch auch ihre Winterstrahlen
Zeigen ihren ganzen Reiz,
wenn der Raureif auf den Zweigen,
glitzert, wie ein Perlenreif.

Und so lassen wir sie ziehen,
auf den andren Teil der Welt,
wo schon viele auf sie warten,
dass sie strahlt vom Himmelzelt.

Nichts auf unsrer guten Erde
ist beständig, so wie sie.
Denn seit tausenden von Jahren,
ruhten ihre Strahlen nie.

Erst wenn dieses Licht erloschen,
ist die Erdenzeit vorbei,
denn ihr Licht und ihre Wärme,
braucht das Leben, wies auch sei.

Wie hat sich die Welt verändert

Wie hat sich die Welt verändert,
in den Jahren deines Lebens?
Bist du 80 oder 90,
fragst du, wie viel war vergebens?

Dieser Rückblick mag oft schmerzen,
er deckt deine Fehler auf
du kannst sie nicht korrigieren,
fest verzurrt im Lebenslauf.

Zeilen, die von dir geschrieben,
sind unlöschbar eingebrannt,
so wie auch dein ganzes Leben,
untrennbar in Gottes Hand.

Doch zum Trost kannst du dir sagen,
nichts geht nur geradeaus.
Lebenslinien sind bei jedem,
rechts gestrickt und wieder kraus.

Und erst das ergibt ein Muster,
wird lebendig, bunt und schön.
Auf dem weiten Erdenrunde,
ist ein Gleiches nicht zu sehn.

Darum schreibt ein jedes Leben,
Zeilen für die Ewigkeit,
die in Gottes Buch verzeichnet
und die leuchten durch die Zeit.

Ein Schweinchen

Ein Schweinchen ist für viele Menschen
ein Glücksbringer, ich frag warum?
Weißt du, warum wir dieses wissen?
Es wird vermarktet und bleibt stumm.

Doch schon vor tausenden von Jahren,
da stand das Schwein für Stärke, Glück.
In China, Japan kann man lesen,
dass Wohlstand kommt auf den zurück,

der es gut pflegt in vielen Bildern,
Das ist verewigt und zu sehen.
Warum dies auch bei uns verbreitet
kannst du als Aberglauben sehn.

Das kleine Ferkel ist zwar niedlich,
in Schoko, Marzipan und mehr,
doch Glück wird es wohl keinem bringen.
Es ist zum Schauen und zum Verzehr.

Die Werbung hat es gut vermarktet,
sie preist es als ein Glücksgeschenk.
Wenn ich's benutz, dann will ich sagen,
dass ich in Liebe an dich denkt.

So ist das kleine Schweinchen heute,
Ersatz für manches liebe Wort,
das besser ausgesprochen wäre
nicht nur verschickt an einen Ort.

Zu oft verschicken wir nur Grüße,
per Post oder auch digital.
Ein Händedruck und liebe Worte,
wär besser wohl viel Tausend mal.

Denn die Begegnung ist für viele,
das Schönste, das man schenken kann.
Ein Lächeln ist wie Sonnenstrahlen
und zieht wohl jeden in den Bann.

Ein Gedanke

Ein Gedanke, ist er gut?
Halt ihn fest und habe Mut,
ihn ganz offen auszusprechen,

auch wenn manche widersprechen,
denn in unsrer Welt, wie dumm,
fallen die Menschen dabei um.

Und die guten Geistesblitze,
fallen in die Einheitspfütze.

Das Leben mit der Medizin

Im Jahre 1943, war Medizin in unserm Land,
für diese Zeit schon gut entwickelt,
selbst in den Bergen, gut bekannt.
Dort hatte mich ein Schmerz getroffen,
urplötzlich konnte ich nicht gehen.
Was wahr es wohl, man konnte nur hoffen.

Der Landarzt sagt, Rheuma, ganz klar,
das Kind es muss verschickt nun werden,
die Mutter sträubt sich, es war im Krieg und keiner
wusste,
wir lange sicher war der Ort,
schon viele trieb man einfach fort.

So trank ich, wie bei einer Kur,
Heilwasser aus der Kurhausquelle
und war nach Wochen auf der Spur.
Die Krankheit ruhte 7 JAHR;
Dann war sie plötzlich wieder da,

Erst 1992 kam man den Dingen auf die Spur,
es war, was damals niemand wusste,
ein Übel, wo der Körper selbst,
zum Feind wird, den man dann benannte,
als Autoimmun, quasi Verwandte.

Jetzt gibt es dafür Medizin,
die diese Plage gut bekämpft,
der Fortschritt in der Medizin,
ist schon gewaltig, wenn man denkt,
was nur in einem Menschenleben,
durch Fortschritt wurde uns zum Segen.

Krankheit, die damals tödlich war,
wird heut geheilt, ganz wunderbar
und trotzdem ist da noch so viel,
was ungelöst auf Menschen wartet.
Man forscht, bis es erreicht das Ziel,
und trotzdem wartet noch so viel.

Dahinter wohnt Verzweiflung, Hoffen,
denn immer bleibt etwas zurück,
was dämpft das unbeschwerte Glück.
Ob nun Patient, ob Krankenschwester,
ob im Labor das Forschungsteam,
sie alle wünschen sich nur eines:
„Mehr Heilung, durch die Medizin".

Urlaubszeit

Ferien und Urlaubszeit,
ja, da wünscht man sich die Sonne
und in manchem fernen Land
neue Eindrücke zu speichern,
vom Gebirge bis zum Strand.

Jedes Land hat seine Reize
und die Freundlichkeit der Leute
ist ein Plus für dein Gemüt
und du lebst nur noch im heute.

Hast den Alltag abgestreift,
deine Sorgen zugedeckt,
atmest und genießt die Weite,
ausgestreckt, der Strand dein Bett.

Diese Freiheit kann nur geben,
dir ein Kopf der Stress vergisst
und du spürst, dass unser Leben,
oft den wahren Grund vermisst.

Denn das Leben ist nicht Arbeit,
Ansehen und Kontostand,
es verspricht die große Freiheit,
die seit Urzeit wird versandt.

Krankheit

Krankheiten sind oft sehr tückisch,
schleichen sich an uns heran,
bis sie plötzlich unsrem Leben
eine neue Wendung geben.

Unsre Träume, sie zerplatzen,
werfen uns ein Stück zurück,
doch wir haben andre Ziele,
auf die richten wir den Blick.

Denn da sind noch andre Kräfte,
die uns jetzt zur Seite stehen.
Unser Glaube zeigt uns Wege,
die wir jetzt mit Jesus gehen

Ich hab diese Kraft erfahren
und ich wünsche sie euch auch.
Damit geht's auf neuen Wegen,
mit des Himmels reichem Segen.

Freude

Freude ist ein Elixier,
dass im Herzen angereichert
und das selbst bis heute noch,
unser Leben stets bereichert.

Sage nicht, du kennst sie nicht,
denn im Alter ist sie rar
doch sie wärmt schon durch ein Lächeln
und das ist ganz wunderbar.

Drum verschließe nicht die Türen
deines Herzens, lass sie ein.
Glaub, sie sucht dich alle Tage,
möchte mit dir glücklich sein.

Vielleicht wartet sie schon lange,
neben dir, du weißt es nicht.
Halte dich nicht so verschlossen.
Schon ein Wort das Dunkel bricht.

Freude heilt so viele Herzen,
wirft die Sorgen weit von dir,
lässt die Einsamkeit verschwinden,
bricht das ICH zu einem WIR.

Der Schlaf

Schlaf, so heiß ersehnt,
die Augen möchten ruhen,
doch mit Gewalt, da geht es nicht,
der Kopf er läuft auf Touren.

Gedanken überschlagen sich,
mit was kann ich sie halten?
Die Zeit, sie läuft erbarmungslos,
sie ist nicht aufzuhalten.

Der Himmel zeigt das erste Licht,
ich denke –nein – und sehne,
mich nach der Nacht und Dunkelheit
und weine eine Träne.

Denn die Ruhezeit,
sie raubt des Tages Stärke,
die abgefordert wird von dir,
zum Tun der guten Werke.

Ganz müde noch erheb ich mich,
es werden schwere Stunden.
Der Geist er möchte, doch der Leib,
ist hilflos und geschunden.

Jetzt brauche ich ein Hallo Wach,
auch wenn's nur kurz von Dauer.
Vielleicht ein Kaffee, dunkel, schwarz,
doch Vorsicht, auf der Mauer,

da lauert schon, dein Kopf, der schreit:
„Ich lasse mich nicht täuschen!"
Das, was ich brauch, das brauche ich
ich lass mich nicht ersäufen".

Er hatte Recht, zur Mittagszeit,
verließen mich die Kräfte.
„SIESTA"; schrei ich und war weg,
zum Tanken neue Säfte.

Du musst dich beugen der Natur,
sie regelt deine Kraft.
Wenn du sie überlisten willst,
bis Du, nicht Sie geschafft.

Dein Lebensweg

Hast du einmal überlegt,
was in deinem Leben wichtig?
Was hat dich ganz tief bewegt,
wonach warst du sogar süchtig?

Oder floss dein Lebensstrom,
lautlos, leise so dahin
ohne große Höhenflüge,
oder gab's ein Hauptgewinn?

Schule, Lehre und Beruf,
alles lief bei dir normal,
bis ein Blitz dein Herz getroffen,
neue Wege standen offen.

Du begannst neu zu sortieren,
was ist wichtig, was banal
und du stießt dabei an Grenzen,
die so steil und hart wie Stahl.

Lange suchtest du den Ausweg,
doch er wollte sich nicht zeigen.
Deine ruhigen Lebensbahnen
Schlossen sich nicht mehr zum Reigen.

Jetzt wurde dein Verstand gefragt,
und du musstest selbst entscheiden.
Gehst du diesen neuen Weg,
oder willst du Kind nur bleiben.

Nein, ich wollt' erwachsen werden
und entdecken meine Welt,
denn nur so kannst du erfahren,
was sie für dich offen hält.

Diesen Schritt muss jeder gehen,
er ist schmerzlich und auch schön,
denn erst was man selbst gemeistert,
gibt dir Mut zum Weitergehen.

Erst im Rückblick muss ich sagen,
es gab auch verlorene Schritte.
Doch wenn ich sie streichen würde,
käme ich wohl nicht zur Mitte.

Mit dem Beistand, der gegeben
mir von oben alle Zeit,
sind die vielen Lebensjahre,
wie ein schön gewebtes Kleid.

Verse zur Liebe

Was ist Liebe?

Dieses Wort, das so schwer gesprochen wird,
das aber immer einem Du begegnet,
ausgehend von einem tiefen inneren Frieden,
welches aber bereit ist, sich selber zu geben.

Die *Liebe*
die dieses bewegt, kann nur empfangen werden
und sie entspringt in der Tiefe der Seele,
doch die Frage bleibt, kann diese sie halten?
Denn sie strömt herüber aus des Schöpfers Gewalten.

Der Mensch
kann sie nicht fassen, sie ist ein Geschenk.
Du sehnst dich und wartest aber oft vergebens,
doch plötzlich durchströmt dich wie Wärme und Licht,
die Liebe, du spürst sie, doch kennst du sie nicht.

Begreifen
willst du sie? Dann schwindet sie hin.
Sie ist ein Geheimnis, seit ewiger Zeit.
Empfange sie, ohne Fragen zu stellen,
denn dann trägt sie dich fort, wie Meereswellen.

Wärme des Herzens

Wolkenverhangene Tage,
wird das Licht sich noch zeigen
oder lässt es mich warten
funkelt nur kurz hinter Zweigen?

Zeigt mir, wie kostbar die Helle,
auch wenn sie winzig und klein.
Graue Gedanken verschwinden,
müssen sich beugen dem Schein.

Halte die Tür deines Herzens
offen, auch wenn's nur ein Spalt.
Licht, findet immer die Wege,
wärmt, wo es dunkel und kalt.

Wärme des Herzens ist Nahrung
für einen Mensch in Not.
Öffne die Quellen dem Nächsten,
denn es ist Gottes Gebot.

Flüchtlingsschicksal

Wieviel Leid kann man wohl tragen,
bis der Akku ausgebrannt?
Wieviel Schmerzen wohl ertragen,
bis der Körper ganz am Rand?

Kleine Schmerzen sind für Viele
Schon die Grenze, Grund zum – HALT!"
Sind wie Stechen von der Biene,
nicht vergleichbar mit Gewalt.

Diese macht nicht halt, wie grausam,
selbst vor Kindern und ihr Wohl.
Sind die Köpfe dieser Menschen
Betoniert und innen hohl?

Flucht, Vertreibung, immer wieder,
zieht das Elend durch die Welt.
Heute Glück und frohe Lieder,
morgen arm im Flüchtlingszelt.

Wenn wir diesen Kreislauf kennen,
sollten wir stets offen sein,
für die Sorgen, die da brennen.
Fremde? Laden wir sie ein.

Zeigen wir, dass Gottes Liebe,
uns bewegt zur guten Tat.
Geben gern, mit froher Miene,
sei's mit Spenden oder Rat.

Beides ist gewiss zum Segen.
Nahrung braucht zunächst der Leib,
doch die Schmerzen in der Seele,
heilt nur Liebe mit der Zeit.

Diese Liebe lasst uns geben,
so, wie Jesus es gesagt.
Denn es wird nur dem zum Segen,
der den Sprung zur Hilfe wagt.

Kinder

Ist uns heute noch bewusst,
was Kinder uns bedeuten?
Dass sie Geschenk, nicht käuflich, keine Ware,
eben ein Teil für Ehepaare.

Geht es beim Kind zuerst nur noch
um Zuschüsse vom Staate?
Wie hoch ist das Erziehungsgeld,
Kita Betreuungsfrage?

Wenn das nicht klappt,
dann muss der Staat natürlich dafür zahlen.
Sieht man das Kind nur aus der Sicht,
nur so konnte man planen?

Das Kind, es bleibt stets ein Geschenk,
das sollte man bedenken
und die Verantwortung dafür,
kann man nicht immer lenken.

Auch was es gibt, das kann man nicht
im Voraus alles planen.
Die Liebe ist zum Glück zu schön,
zum Aufrechnen mit Zahlen.

Kinderaugen

Kinderaugen können lachen,
strahlen große Freude aus,
doch es gibt so viele Sachen,
bei dem Spiel oder zu haus.

Angstvoll schauen sie beim Streiten
ihrer Eltern, was geschieht,
sagen ihre Blicke traurig.
Haben sie sich nicht mehr lieb?

Was passiert in ihren Herzen,
wenn das Kartenhaus zerfällt
und wer lindert ihre Schmerzen,
in der kleinen Kinderwelt?

Schläge, unsichtbar geschlagen,
dringen in die Seele ein
und es bleiben tausend Fragen.
Wer erlöst sie von der Pein?

Denn unmöglich können sie wissen,
warum ihre Welt zerbricht.
Doch sie können nicht vermissen
Mamas strahlendes Gesicht.

Darum schaut in Kinderaugen,
denn aus ihnen strahlt das Licht
und sie bitten um Vertrauen,
das die stärksten Wände bricht.

Nachricht im Fernsehen

Kann man das noch sehen und hören?
Diese Bilder sind zum Schrecken
und man denkt, es gibt nur Streit.
Wer will da den Frieden wecken?

Hilfe ja, doch nicht so nahe,
denn das könnt' die Ruhe stören,
die man mühsam aufgebaut.
Können wir die Stimmen hören?

Die erzählen von den Leiden,
Krieg, Verfolgung, Hunger, Kälte
und wir stehen hilflos da,
wie man auch das Urteil fällte.

Doch die positive Haltung,
sollte stets ganz vorne stehen
und ein Dank von beiden Seiten
wär für Jeden sicher schön.

Denn egal, wie groß die Hilfe,
sie erfordert viele Mühen
und das ist nicht selbstverständlich,
erst die Liebe lässt sie blühen.

Verse zum Glauben

Glocken

Glocken sind zu allen Zeiten
ein Geläut, das gern gehört.
Sehr oft künden sie von Freude,
wenn ein Paar sich Liebe schwört.

Warnen aber auch zu Zeiten,
höchster Not und bei Gefahr
und verbreiten Angst und Schrecken,
wie es häufig schon geschah.

Glocken haben eine Stimme,
die wohl jeder schnell versteht
und wenn sie gewaltig schwingen
ahnt ein jeder, wie es steht.

Können auch von Freude künden,
immer in der Osterzeit,
wenn sie von Erlösung klingen,
die der Himmel hält bereit.

Hoch in Türmen unsrer Dome,
grüßen sie die Menschen weit
und wir können sie verstehen.
Das wird bleiben durch die Zeit.

Mutter

Was bewegt im Herzen
dieses Wort ganz tief in dir?
Ist es Liebe, Herzenswärme
angekommen sein in ihr?

Fühlst du ihre Hand, die tröstet
und die dich fest an sich drückt?
Sehnst dich tief in deinem Herzen,
nach der Wärme, die beglückt?

Wie auch immer du empfindest,
ob sie nah ist oder fern,
wird die Bindung nie zerreißen
und du denkst an sie stets gern.

Wenn Mutterliebe hier auf Erden,
dies zu geben nicht vermag,
ist im Himmel eine Mutter,
die dich liebt an jedem Tag.

Johannes der XXIII

Die Person des Papstes

In unserer Sprache würden wir sagen:
Er steht auf verlorenem Posten, da die Welt
den Worten: Gewinn, Erfolg Egoismus ,
Durchsetzungsvermögen, den Vorrang gibt gegenüber
den Worten:
Demut, Verzicht, Rücksichtnahme und Liebe.
Er kämpft gegen einen Feind in den Köpfen der
Menschen und dieser Feind ist nur zu besiegen mit dem
Schwert der Barmherzigkeit, das noch immer von
Jesu-Hand geführt wird.
Gebe Gott, dass sein Stellvertreter auf Erden der
Barmherzigkeit zum Sieg verhelfen kann.

Maria

Nicht nur ein Name, wie andere,
denn dieser Name ist Hoffnung und Licht.

M	steht für Mutter, Demut und Kraft
A	für Hingabe, die Liebe schafft.
R	für Rose, vom Höchsten erwählt,
I	das von inniger Liebe erzählt.
A	für ihr JA, das sie gab für uns gern

Fürsprecherin für uns alle beim Herrn.
So ist der Name ein Lebensziel,
der beinhaltet, unendlich viel.

Namenspatronin auf Gottes Thron,
sie ist näher, dem göttlichen Sohn.
Schutz, der vom Himmel hernieder fällt.
Mutter, die an deine Seite sich stellt.

Freu dich, du bist dem Himmel so nah,
denn ihre Liebe ist aufrecht und wahr.
Wer sich ihrem Schutze anvertraut,
hat auf göttlichen Grund gebaut.

Liebe und Leben, Sonne und Licht,
Mutter des Herrn, sie verlässt dich nicht.
Wartet bei ihrem göttlichen Sohn.
Sie öffnet die Pforten zum ewigen Lohn.

Ein Mahl

das ist ein großes Essen,
das zubereitet liebevoll,
mit vielen tollen Raffinessen,
das läuft auch ohne Protokoll.

Gemüsesorten gibt es viele,
was passt zu welchem Braten wohl?
Ob deftig oder leichte Küche,
das geht von Spargel bis zu Kohl.

Die Soßen sind das A und O,
mit Klößen lecker, wunderbar
und Pilze geben dann den Pfiff,
das schmeckt und ist phantastisch war.

Dazu gibt's Wein, auch der muss passen,
lieblichen, herb, ob Rot ob Weiß.
Der Gast ist König, wie wir wissen,
wer er auch ist und wie er heißt.

Heut gibt es viele junge Männer,
die kochen, wie ein Chef am Herd.
Da lassen Frauen sich verwöhnen,
warum auch nicht mal umgekehrt.

Die Gleichberechtigung ist heute,
bei uns doch schon völlig normal.
Doch es gibt Männer, die noch glauben,
sie seien noch „Die Erste Wahl".

Gottes Stimme

Kann ich Gottes Stimme hören?
Mit den Ohren sicher nicht,
oder doch? Gibt es Geräusche,
die mich führen zu dem Licht?

Wenn ein Kranker stöhnt vor Schmerzen
und mein Inneres berührt,
ist das vielleicht Gottes Stimme,
die mich da zur Hilfe führt?

Wenn das Glück mich überwältigt,
halte in dem Arm mein Kind,
das geschenkt mir grade wurde,
ob das Gottes Worte sind?

Wenn ich im Gebet verweile
und an Gottes Liebe denk
alles um mich schier vergesse,
ist das an mich wohl „Sein Geschenk"?

Wenn in dem Schmerz ich tief versunken,
da ein lieber Mensch nun fort
und ein Freund mir Trost zu spendet,
ist das vielleicht dann „Gottes Wort"?

Wenn im Kirchenschiff ich sitze,
nur ganz still, ohne ein Wort
und der Friede in mich einzieht,
bin ich dann an Seinem Ort?

Frage nicht nach Seinen Worten,
das Geheimnis ist zu groß.
Lebe stets im Gottvertrauen,
lass dich fallen in Seinen Schoß.

Lebenswünsche

Wo ist nur die Zeit geblieben,
da man ruhig leben konnte
nur bemüht war für die Lieben,
sich in Glück und Armut sonnte,
alles war gut festgeschrieben.

Mit dem Aufbau kam der Wohlstand
und für viele war das Ziel,
Geld verdienen mit leichter Hand,
ohne Mühe, wie ein Spiel,
reichlich, wie der Meeressand.

Das konnte nicht für alle gelten
und so sah man dann auch schnell ein,
es gibt reich- und arme Welten,
das Versprechen war ein Schein.
Doch wen soll man dafür schelten?

Jeder möcht vom großen Kuchen,
wenn es geht ein Superstück
und er wird es auch versuchen,
doch dazu braucht er auch Glück.
Klappt es nicht, dann wird er fluchen

Doch auch das nützt ihm nicht mehr,
er sieht ein, es ist kein Pech,
sondern Wissen, Fleiß muss her,
nur dann gibt es Gold statt Blech
und er schwimmt im Wohlstandsmeer.

Doch die Freude währt nicht lange.
Nein, er wollt lieber bergab,
denn ganz oben auf der Stange,
war er einsam, wie im Grab.
Reichtum?
Nein, die Liebe starb.

Meine Seele

Ich brauche Zeit für meine Seele,
sie ist das Wichtigste in mir.
Sie sagt mir, ob ich richtig wähle,
entscheide, was ich hör' von ihr.

Das Gute mög' sie fest umschließen,
mich führen an des Herren Thron,
mir helfen, dass die Gaben fließen,
zum Dank an seinen lieben Sohn.

Der auch für mich sein Blut vergossen.
Es soll in meinem Herzen glühen,
dass er mein Leben eingeschlossen,
in seines und mir hilft zu blühen.

Dass meine Seele, diese Gnade,
bewahren mög' bis zu der Zeit,
da Gott erscheint an dem Gestade
und öffnet mir die Pforten weit.

Ruhestand

Ich habe doch ein schönes Leben,
denn der Beruf ist längst vergessen.
Keiner weckt zu früher Stunde,
ich muss mich auch mit keinem messen.

Doch jetzt meldet sich das Gebein,
dass ich es doch bewegen soll
und dieses finde ich gemein,
ist das Maß denn noch nicht voll?

Sprach man nicht vom Ruhestand,
der so herrlich zu genießen?
Uns dereinst hoch angepriesen,
Ruhe kann man kaum genießen.

Der Balkon würd' es schon geben,
doch dem Lärm der Nachbarschaft,
wird kein Ruhestopp verordnet
und so bin ich oft geschafft.

Waren die eignen Kinder leiser?
Sicher nicht, wir waren nur jung
und es gab zwei Stunden Pause,
Mittagsruhe war der Grund.

Eigentlich wär diese Stille
Gerade heute angesagt,
wo beschallt wird unsre Seele,
früh vom Morgen, bis zum Schlaf.

Und wenn Kinder dann mal toben,
muss das sicherlich auch sein,
sonst verlernen sie das Reden,
durch den virtuellen Schrein.

Auf dem Smartphone
ruhen die Augen,
Apps, die fliegen hin und her,
sprachlos kann man sich mitteilen
das heißt Stille, bitte sehr.

So wird wohl in einigen Jahren,
Ruhestand ein Fremdwort sein,
denn wenn Sprache ganz verschwunden,
wird's die Zeit zum Schweigen sein.

Wie groß ist meine Liebe

Wie groß ist meine Liebe Herr?
sehe ich den Stephanus,
der nicht zurückwich in Gefahr,
gab Zeugnis fest und klar.

Du hieltest fern von mir bis jetzt,
dies Zeugnis für Dich selbst,
wo ich direkt entscheiden muss,
Freud, oder Lebens Schluss.

Manchmal ergreifst du mich ganz tief,
in meiner Seele Grund.
Dann möchte ich ganz bei dir sein,
in Deinem hellen Schein.

Doch leider stellen sich Zweifel ein,
wenn die Gefahr ganz nah,
ob Du mich wirklich halten willst,
und meine Sehnsucht stillst?

Dann sehe ich, wie weit entfernt,
ich noch von Menschen bin,
die klar und fest wie Stephanus,
gegangen bis zum Schluss.

Wie lange mir noch Zeit geschenkt,
zum JA, ganz klar und fest,
das leg ich Herr in Deine Hand,
Du hältst des Lebens Band.

Was ist los in unsrer Kirche

die zu Jesus sich bekennt?
Die von Liebe stets gekündet
und für diese Liebe brennt?

Hat der Einfluss dunkler Kräfte,
sich in unser Herz gebrannt,
dass das Leuchten aus der Höhe
von so vielen nicht erkannt?

Fremdenhass, unwertes Leben,
war das nicht schon einmal da
und dann tausende von Toten?
Leise kam es, unsichtbar.

Die Versuchung trug die Maske
die dir sagte, wehre dich,
vor den Fremden und vor Gott
und sie trieben manchen Spott.

Heute trifft den Papst der Spott,
der es wagt, klar anzufassen,
dass Millionen Kinder sterben,
weil sie nicht zur Planung passen.

Wohin führt das Weltgeschehen,
wenn die Geister so verwirrt,
dass sie Tiere, Pflanzen schützen,
doch der Mensch wird abserviert?

Das erinnert mich an Babel
und den Turmbau – MENSCHENWERK –
unser Fortschritt ist Prekär,

DOCH DAS LETZTE WORT
HAT GOTT DER HERR:

Glück für alles Leben

In Lärm und Hektik, Hetze von Termin zu Termin?
Belebte Straßen mit Abgas und Kerosin?
An grauen Tagen, die Sonne versteckte
den goldenen Glanz hinter Regen der leckte,
den Staub von der Straße, von Bäumen und Hecken,
in deren Geäst sich die Vögel verstecken.

Sie stört weder Lärm, noch Sturm und Regen,
wenn die Zeit gekommen ist Eier zu legen.
Zu brüten in warmen, kuschligen Nestern,
zu warten auf Kinder, Brüder und Schwestern.
Sie singen am Morgen schon fröhliche Lieder
und freuen sich, dass der Frühling bald wieder,

die Bäume begrünt und die Blumen lässt sprießen
und die Wolken sich öffnen, um sie zu begießen.
Sie nehmen das Leben, wie es ihnen gegeben,
sind nicht bedacht auf ein höheres Streben.
Die Nahrung finden sie auf Wiesen und Feldern,
an Bächen und Flüssen oder in Wäldern.

Der Tisch ist gedeckt mit leckeren Dingen,
sie brauchen kein Geld, kein Kämpfen und Ringen.
Wie weit hat die Menschheit sich davon entfernt,
sie haben bis heute nicht sehr viel gelernt.
Wir sollen uns verstehen, nicht kämpfen und streiten
und Frieden schaffen auf unseren Breiten.

Nur uns ist gegeben Verstand um zu lieben
und nicht zu sortieren und auszusieben,
nach Farbe und Herkunft, vielleicht nach Nationen,
nach Aussehen und anderen Religionen.
Es gibt nur die Erde, wir müssen sie teilen,
um das zu verstehen müssen wir uns beeilen.

Die Luft, die wir atmen ist nicht mehr so rein,
die Sonne wird heißen, gefährlich ihr Schein.
Das Wasser wird knapp in vielen Regionen
sind wir endlich bereit, die Erde zu schonen?
Statt dessen gibt es Kriege an so vielen Orten
und Tote, die stürmen die Ewigkeitspforten.

Wann endlich verstehen wir Gottes Gebot
und bringen weltweit die Geschicke ins Lot?
Vielleicht muss im Weltall erst etwas passieren,
dass die Menschen beginnen es zu kapieren.
Das wir leben als EIN VOLK ob schwarz oder weiß.
Ein Erdenvolk, das zahlt einen zu hohen Preis,

denn jeder wünscht sich Frieden, Freiheit und Liebe,
und dass unsre Welt auch bewohnbar noch bliebe,
für Kinder, Enkel und noch darüber hinaus.
Der Wunsch geht über unseren Verstand wohl hinaus.
Der Hochmut, die Streitsucht, der Stolz sind Gefahren,
die das einfache Volk stets hat auszubaden.

**Drum wird es letztendlich,
selbst wenn es keinem gefällt,
nur zu lösen sein, durch den Schöpfer der Welt.**

Dombesuch

Ich hab besucht die Bischofsstadt,
den Dom zu Hildesheim.
Mir war nicht wohl bei dem Besuch,
wie wird mein Eindruck sein.

So dachte ich, es war so viel,
was sich verändert hat.
Ich fand so vieles nicht darin,
was mich erinnert hat.

So saß ich still und hoffte doch,
dass Ruhe einziehen mag.
Es war nicht mehr der Dom von einst,
doch wichtig, was ich sag'.

So dachte ich und sprach mit Gott.
Er war wie einst vor Ort.
Ich spürte, nicht das Äußere
ist wichtig, nur Sein Wort.

Und dieses Wort, so spürte ich,
es füllte diesen Raum.
Ich ging hinaus und nahm Ihn mit,
wie einst –Mein Lebenstraum -.

Worte im Sand

Dem Herrn der Welt gehört die Zeit,
auf allen unsren Wegen,
denn Regen, Sturm und Sonnenschein,
benötigt seinen Segen.

So glaube nicht, in deiner Hand,
liegt das Geschick der Erde.
Du schreibst nur Worte in den Sand
von Gottes Weltenlehre.

Die Spanne deiner Lebenszeit
in unsrer Weltgeschichte,
ist wie ein Blitz am Horizont
vor Gottes Angesichte.

Und doch erhellt es, wie ein Blitz
den Umkreis deines Lebens
und ist, wenn es dem Nächsten hilft,
zwar kurz, doch nicht vergebens.

Es wird zu einem Schatz sich mehren,
der bleibt und Früchte tragen wird
und der am Ende deiner Tage,
im warmen Licht, dein Leben ziert.

Kinderträume

Kastanien sammeln mochten wir
als Kinder doch sehr gern,
denn in den stachligen Kugeln drin,
versteckte sich der Kern.

Er glänzte braun wie Zuckerguss
und Schokoladencreme,
da konnten wir doch wirklich nicht,
einfach vorüber gehen.

Wir stopften unsre Taschen voll,
daraus entstanden dann,
Igel, Körbe und noch mehr
Sogar ein kleiner Mann.

So viele Bäume gibt's nicht mehr,
sie mussten Häusern weichen.
Drum ist der schöne Brauch vielleicht,
schon bald nur noch ein Zeichen

Im Park, da findet ihr ihn noch,
euren Kastanienbaum
und er weckt sicher tief in euch,
den schönsten Kindertraum.

Nur noch uns selbst im Blick

Die Welt lebt jedes Jahr,
Monat für Monat auf Kosten der Natur,
denn was der Mensch verpulvert, schafft sie zur Hälfte
nur
Zu reinigen von Stoffen, die in die Luft geblasen
und die nicht mehr vergehen, wir produzieren und rasen.
Das viele schon verhungern, wollen wir doch gar nicht
sehen,
sie sind so weit entfernt, die da am Rande stehen.

Ein Wenig wird uns mulmig, bei dieser Flüchtlingsschar,
die unsren Reichtum sehen und kommen Jahr für Jahr.
Sich abgemüht, geschuftet, für unsre reiche Welt.
in ihren Heimatländern wohl für ein Hungergeld.
Denn hätten wir schon früher in Ländern investiert,
die jetzt zusammen brechen, wär' das wohl nicht passiert.
Doch wenn die Menschheit weiter nur an sich selber
denkt
und sorglos weiter plündert, die Welt zum Abgrund
lenkt.

Dann kann die Menschheit retten, nur eine zweite Welt,
doch wo ist sie zu finden, wohl unterm Himmelszelt?
Drum nehmt mit eurem Blick die ganze Menschheit mit,
das wär für unsre Erde, sicher der erste Schritt,

zum Frieden, den wir suchen und jeder sich ersehnt.
Der Herr könnt ihn uns geben, es wurde von ihm
erwähnt.
Er hat den Menschenkindern die Erde anvertraut.
Wird sie es je begreifen, dass sie gemeinsam baut,

an unserem Planeten, ob schwarz, ob weiß, ob gelb,
das wär des Schöpfers Erde und unsre einig Welt.
Ein Traum, den wir gern träumen und doch nur Fantasie,
denn unsre Menschen Hirne, erreichen das wohl nie.

Angst

Mich beherrscht die Angst,
lässt Leben nicht gelingen,
weil dunkle Schatten greifen
die niemals von mir weichen.

Ich kann ihr nicht entrinnen,
denn sie erfasst den Geist,
hat meinen Kopf besetzt
und hält mich felsenfest.

Wie dunkle Schwaden wallen
sie durch den Kopf und Sinn.
Ich möchte sie vertreiben,
doch weiß ich nicht, wohin.

Ein Licht blinkt in der Ferne,
das Rettung wohl verspricht,
doch zwischen uns die Berge
erklimmen kann ich nicht.

Schon kleine Hindernisse,
sie bringen mich zu Fall.
Für mich stehen sie in Fernen,
so weit, wie unser All.

Erst wenn ich alles lasse,
mich fallen lass in dich,
sind deine Hände offen,
sie warten schon auf mich.

Warum mein Geist so lange
Gebraucht, bis er das sah,
das sind die Wege Gottes,
für uns oft unsichtbar.

Denn an so mancher Kreuzung,
entscheiden wir allein
auf welchem Weg wir wandeln
und sehen erst später ein,

dass Gott uns führen wollte,
auf einem schmalen Weg
doch unsere Sinne suchten,
Prachtstraßen, die belegt,

mit Ansehen, Glanz und Reichtum.
Doch dies verblasst sehr schnell,
um rückwärts dann zu gehen
ist nichts mehr schön und hell.

Der Weg, er wird beschwerlich.
Bekämpf die Angst, hab Mut.
Gib Acht und lass dich führen,
dann wird dein Leben gut.

Das Gebet

Warum wird ein Gebet gesprochen
und wen soll es erreichen?
Gibt es da wirklich eine Kraft,
die Menschen nicht begreifen?

Millionenfach erreichen sie
die himmlischen Gefilde
und werden sie dort einsortiert,
ist man da noch im Bilde?

Der Adressat hat viele Namen,
sind es wirklich so viele,
oder verschmelzen sie im All,
zu einem einzigen Ziele?

Warum sollte es in der Ewigkeit,
noch Konkurrenzen geben,
das ist doch nur ein weltlich Ding
nichts für das ewige Leben.

In dieser Welt, so glauben wir,
wird's nur den Schöpfer geben,
drum sucht schon hier Verständigung,
ihr Völker,
auf den Wegen.

Denn jedes Leben ist Geschenk.
Sagt woher ihr's erhalten?
Egal in welchem Land ihr lebt,
der Geber wird's verwalten.

Er fragt euch nicht, wie ihr ihn nennt,
doch er kennt euren Namen.
Drum glaube ich, wer ihn geliebt,
erhält des Schöpfers
Amen.

Christlicher Glaube

Christliche Feste, wer kann sie uns nennen
und können wir selber sie noch alle benennen?
So vieles hat sich mit der Zeit ganz verloren.
Vielleicht wissen wir noch wann Jesus geboren,
doch das auch oft nur wegen der Feiertage
und so manch einer glaubt, es sei nur ´ne Sage.

Wir reden und lamentieren nur noch,
dass alles vergeht und wir fallen in ein Loch,
weil die Welt nicht mehr glaubt, doch frage dabei,
leben wir noch danach und sind glücklich und frei,
weil die Botschaft uns sagt, dass wir angenommen,
egal wer wir sind und woher wir auch kommen?

Gott ist ein Vater, der alle liebt und verzeiht,
wenn wir verlassen, den Hass und den Streit.
Wo ist ein Gott, der dir dies alles verspricht,
der dich an die Hand nimmt und führt in sein Licht?
Wir sagen, die Kirche, sie tut nicht genug,
doch wo ist denn die Kirche, das sind wir, drum hab Mut.

Besinn dich auf die fantastischen Werte,
die Leben versprechen und für die Gott sich verzehrte
und sag nicht: „Der Glaube, was kann er mir geben"?
Er ist der Anker der Welt für dein Leben.
Auch wenn das Böse dich führt auf zu glattes Eis.
Der Herr will dich retten, zu hoch war sein Preis.

Die Welt wird den Verlust erst begreifen,
wenn es zu spät ist, um zu stellen die Weichen.
Doch der Schöpfer, er wartet auf unsere Wende
und hofft, dass wir umkehren, noch vor der Welt Ende.

Gottes Zelt

Manchmal träume ich, mit offenen Augen,
dass die Erde beginnt, sich auszusaugen
Alle Hirne gehen falsch, sind auf Unheil gestellt,
programmiert sie zurück und denkt an die Welt.

Die Menschen streiten um sinnlose Sachen
und töten den Nachbarn, statt Frieden zu machen.
Die Erde ist schön, doch wir sehen es nicht,
und alle nur gehen, um zu tun ihre Pflicht.

Doch was ist die Pflicht, warum sind wir denn hier?
Zu zeigen das Land, nicht als Ich, sondern Wir.
Und wenn es durchströmt alle Länder der Welt,
und alles versöhnt,
strahlt uns Gottes Zelt.

Maria

Maria ist ein Name,
der Liebe verspricht, an dem niemand zerbricht
weil im Himmel er wohnt.

Er schließt alles mit ein,
weil er Segen verspricht vom himmlischen Licht,
wo Barmherzigkeit wohnt.

Dieser Name er strahlt,
denn die Jungfrau gebar, Gottes Sohn wunderbar,
durch ihr freudiges – Ja -.

Maria

Die Welt vergisst deinen Sohn.
Sie sieht nur das Jetzt,
sucht den weltlichen Lohn

Geht vorbei an der Hand,
die der Himmel ihr reicht
und zerschneidet das Band.

Du weist uns den Weg,
zu der Quelle des Heils,
bist uns selber Beleg.

Gingst durch Dunkel und Leid,
sahst am Kreuz deinen Sohn,
der die Menschheit befreit.

Bitte, dass er verzeih,
der sich selbst nicht verschont,
das er gnädig uns sei.

Barmherzigkeit

Gibt es Tage, wo die Seele
frei und fröhlich atmen kann?
Wo man denkt in Abendstunden,
dass der Tag grad erst begann?

Dass waren dann erfüllte Stunden,
die verflogen, wie der Wind,
keine Flecken hinterlassen,
rein und sorglos, wie ein Kind.

Dieses wünschen wir uns alle,
doch wir wissen, dass die Welt,
uns mit ihren Fesseln bindet,
Anerkennung, Lob und Geld.

Lasst uns finden neue Wege,
lernen die Gelassenheit
und die echten Werte suchen,
Liebe und Barmherzigkeit.

Gedanken über unsere Erde

Der Abend senkte sich hernieder,
das Licht des Tages war verblasst,
am Himmel blinkte durch die Wolken
einsam ein Stern, mahnte zur Rast.

Die Last des Tages abzulegen,
dass Ruhe in die Herzen fließt,
doch was geschieht mit unsrer Erde,
der Ruhe sicher nicht entsprießt.

Die Menschen fliehen aus ihrer Heimat,
suchen in fremden Ländern Schutz.
Was soll aus unserer Welt noch werden,
ein Jeder denkt, er kommt zu kurz.

Die Liebe haben sie vergraben,
in Eigennutz, Macht und Gewalt.
Die Weihnachtszeit bewegt noch Herzen,
sagt: "Nur bis hierher, bitte halt."

Und viele fühlen Gottes Liebe,
die tief in uns geschlafen hat
und möchten helfen all den Armen,
damit die Kinder werden satt.

Dass sie geheilt von vielen Leiden,
die wir in unserer Wunderwelt
nicht mehr gesehen und versteckten,
wir lebten in der heilen Welt.

Doch ist sie heil und ohne Fehler,
wo Glauben stetig abgebaut
und nur des Menschengeist noch gültig,
wo uns die Ewigkeit geraubt?

Wer tätig, voll in seinen Kräften,
für den mag es wohl richtig sein,
dass nur Erfolg und Reichtum zählen
das glaubst du, weil es alle wählen.

Doch wenn die Kräfte nicht mehr geben,
was diese, unsre Welt verlangt,
hast du vielleicht das Band zerrisse
und bist zur Einsamkeit verbannt.,

Ist das der Anfang von dem Ende,
weil niemand mehr den Andern sieht
und alle sagen, ich zuerst
und Menschlichkeit und Liebe flieht?

Vielleicht geht unsere Welt zugrunde,
weil unser Tun dem Babel gleicht.
Sie wollten höher immer höher,
den Himmel haben sie nicht erreich.

So wird auch unsere Welt zerbrechen,
weil wir das Maß zu überspannt
und wir vergessen, dass den Menschen,
erst winzige Tröpfchen sind bekannt.
Das Weltall ist für uns unendlich,
der Mensch hat Krümel erst entdeckt,
doch er benimmt sich, wie ihr Herrscher.
Ist er denn wirklich so perfekt?

Verse der Natur

Früchte

Bei dem Wort, so glaube ich,
denkt zuerst man wohl an Obst,
das in seiner Artenvielfalt uns belebt,
denn sein Gehalt ist mit vielen Vitaminen,
gut, wenn du auf Ökoschienen.

Früchte, die wir lange kennen,
sind jetzt wieder aktuell.
Noch vor Kurzem war es bieder,
solches auf den Tisch zu stellen,
doch jetzt sind's die Ökowellen.

Rotes Fleisch wird angeprangert,
nicht zu viel, denn das macht krank,
doch die Qualität muss stimmen,
nicht, dass es zuvor musst schwimmen.

Wasser tanken fürs Gewicht,
dann misslingt das Festgericht.
Sind da Früchte ein Ersatz,
die aus fremden Ländern kommen?
Denn auch dort begann der Wandel,
faire Ware in den Handel

und wir lernen Früchte kennen
die vor Jahren nicht im Rennen.
Füllen in Märkten die Regale,
mischen sich mit Deutscher Ware.
Keiner fragt, woher sie kommen,

werden gerne aufgenommen.

Ist das auch Integration,
also folgt dem Beispiel schon.
Denn im Urlaub, in den Ländern,
die heut unter Kriegen leiden,
aßen wir die Speisen gern,
fragten nicht, ist das zu fern?

Heute können zurück wir geben,
was im Urlaub uns zum Segen.
Gegenseitig kennenlernen,
das gehört zum Neubeginn.
Wer als Freund kommt, ist willkommen,
gerne werden sie aufgenommen,

in Kultur und unser Leben,
doch auch sie müssen was geben.
Wenn sie hier nur kritisieren,
werden den Bornus sie verlieren,
denn die vielen Helfer hier,
tun's aus Liebe nur zu Dir.

Opfern Stunden, Schlaf und Zeit,
das ist keine Kleinigkeit.
Wenn wir bei den Früchten bleiben,
die da standen vor den Reimen,
müssen wir uns ernsthaft fragen,
ob sie uns damit was sagen.

**Wenn wir Menschen uns vermischen,
ist es, wie beim Obst auf Tischen**

Wunder der Natur

Eine Knospe, die sich öffnet,
ist ein Wunder, der Natur.
Fest verschlossen war sie gestern,
heut geöffnet, eine Spur.

Schon am Abend zeigt sie dann,
ihre ganze Farbenpracht,
denn im Strahl der warmen Sonne,
ist sie für uns aufgewacht.

Ist es da nicht überzogen,
wenn die Menschen wirklich glauben,
dass sie sein des Schöpfers Krone?
Gott schuf ihn aus Lieb zum Sohne.

Stopp

Der Mensch, er scheint zu träumen,
er glaubt mit Schönheit zu überzeugen,
doch er schwebt in höheren Räumen
und vergisst sich Gott zu beugen

Ja, er denkt, die Welt sei sein.
Er soll sie ja verwalten
doch was bildet er sich ein?
Sie wird nicht von ihm gehalten.

Nein, sie gleitet aus den Händen,
weil nur seine Meinung gilt.
Was kann sie den Menschen bieten?
Und das ist das falsche Bild.

Klima, Luft und Nutzungspart,
sollte Weltumspannend sein.
Nicht von jedem Land allein,
dann wär' es ein guter Start.

Hat der Schöpfer nicht bedacht,
dass das menschliche Gehirn
ständig etwas andres macht
und ihm zeigt ganz kess die Stirn?

Doch des Menschen Denkimpulse,
haben eine Endlichkeit.
Aber Gott und seine Schöpfung,
kennen die Unendlichkeit.

Die Natur

Sommerblumen locken mich, bunt auf allen Wiesen.
Die naturbelassen sind, reizen mich zum Niesen.
Was ist von der Kinderzeit, eigentlich geblieben?
Haben Allergien schon, die Natur vertrieben?

Bitterstoffe und was noch, sind längst rausgezüchtet
und die Feinde zogen ab sind davor geflüchtet.
Nur der Mensch, der doch so schlau, hat's noch nicht
begriffen,
dass mit all dem Forschungsgeist, Gutes weggepfiffen.

Sind die Früchte makellos, ist das nur ein Zeichen,
dass gespritzt sie, wievielmal, dass die Maden weichen.
Schalen werden eingewachst, denn sie sollen halten,
möglichst eine Woche lang, strahlen ohne Falten.

Schmeckt das Obst, wie damals noch, frisch gepflückt im
Garten?
Oder sind sie eingeführt, aus entfernten Staaten?
Im Regal, da liegen sie, ungezählte Arten,
selbst im kalten Winter noch, brauchst du nicht zu
warten.

Diese Vielfalt ist zwar schön, doch geschmacklich haben,
sie vom Ursprung leider viel, dafür abgeladen.
Wenn im Süden dann einmal, Urlaub wir genießen,
loben wir den Fruchtgeschmack, weil sie da noch
sprießen,

ganz in Ruhe an dem Baum unter Sonnenstrahlen,
bis sie reif und zuckersüß liegen in den Schalen.
Ja, der Mensch verändert viel, glaubt es sei zum Segen,
doch so manches, was er tut, ist ganz schön verwegen.

Würde alles durchgerechnet, käme man zum Schluss,
nur wenn alle friedlich leben, wär's ein Meisterguss.
Können wir das noch erreichen, muss das alles sein,
dass wir streiten, kämpfen, töten, schlagen Köpfe ein?

Paradiesisch ist die Erde leider nur aus Weltallsicht,
denn bei näherem Betrachten, ist die Haut
,ne Puzzleschicht.
Sollten diese ganzen Teile, wieder mal ein Ganzes sein,
müssten alle daran bauen, doch wer lädt dazu wohl ein?

Bisher haben alle Menschen, auseinander nur gebaut
und die Völker schaffen leider, nur ein Stück der
Puzzlehaut.
Wo man allerdings zerstörte und den Aufbau auch nicht
will,
sind vielleicht schon viele Teile ganz zerstört und einfach
hin.

Und so bleibt der schönen Erde, nur das Traumbild aus
dem All,
weil der Mensch ein Fleckenteppich hinterlässt im freien
Fall.

Schmetterling

Das ist ein Wunder der Natur,
aus einer Raupe neu geboren,
in einer Schönheit, die verzaubert,
vom ersten Leben keine Spur.

Wenn das ein Abbild ist vom Leben,
zeigt es uns, dass es sich auch lohnt,
manch Schwierigkeiten anzunehmen,
um zu erwarten diesen Segen.

Denn diese zarten, bunten Falter,
erfreuen manches trübe Herz
und tragen es zu Licht und Sonne,
die schnell vergessen lässt den Schmerz.

Ein Gang durch das Jahr

kostbar in der Winterzeit,
wenn der Sturm die Bäume schüttelt,
Seen zugedeckt mit Eis.
Kälte an den Fenstern rüttelt
und Natur schließt ihren Kreis.

Dann beginnt in warmen Stuben
wärmende Gemütlichkeit
und die Mädchen und die Buben,
warten auf die Weihnachtszeit
und erfreuen sich, wenn es schneit.

Nicht für alle ist zum Segen,
Frost und Kälte, Eis und Schnee,
wenn er liegt auf allen Wegen,
suchen Nahrung Fuchs und Reh
und oft bleiben leer die Mägen.

An den Futterhäuschen streitet
sich so manche Vogelschar.
Wer gehamstert hat, bereitet,
seine Mahlzeit wunderbar,
denn er hat sich vorbereitet.

Und so wartet manches Tier,
ruhig schlummernd tief im Bau,
dass der Strahl der Sonne ihm
sagt, dass nun der Frühlingstau,
Platz macht für den Nesterbau.

Und die warme Jahreszeit,
kommt mit riesengroßen Schritten.
Alles taut und ist bereit,
zu vergessen, was gelitten,
Mensch und Tier im Winterkleid.

Bäume sprießen grüne Blätter,
neigen sich im warmen Wind
und man ruft nach Regenwetter,
um zu trinken, wie ein Kind.
Wasser gilt als Lebensretter.

So entfalten sich die Blüten,
zeigen ihre ganze Pracht.
Alle sind von Gott zu hüten
denn durch ihn sind sie erwacht,
um zu öffnen ihre Blüten.

Wie die Jahreszeiten eilen
und wie schnell ein Jahr vergeht,
solltest du nicht lang verweilen,
weil die Zeit nicht stille steht,
um dein Leben einzuteilen.

Lernen für Beruf und Arbeit,
Ruhephasen zum Erhol'n,
dann kannst du zur Ruhezeit,
recht gut leben von dem Lohn,
denn der Herr bestimmt die Zeit.

Ferienende

Ferienzeit, sie ist vorbei,
Schule winkt mit Lernen
Zeiten, wo man wirklich frei,
liegen in den Fernen,

doch wenn diese Plackerei
nicht mehr wär' ihr Leute,
könntet ihr vielleicht auch nicht,
leben so wie heute.

Denn nur Pflicht, Beständigkeit,
wird Erfolg dir geben.
Das ist keine Kleinigkeit,
denn du musst dich regen.

Dann vielleicht bist du am Ziel,
der gestellten Träume,
denn nur Arbeit, Ehrgeiz, Fleiß,
garantiert den Lebenspreis.

Doch geschenkt wird dir das nicht,
Faulheit kannst du streichen.
Drum ist Schule keine Pflicht. Freu' dich, sie stellt
Weichen.

Zeit der kurzen Tage

Sobald die Tage kürzer werden
und Dunkelheit die Welt umfängt,
legt sich oft Schwermut auf die Seele,
obwohl auch diese Zeit geschenkt.

Sie dämmt die Hektik in den Straßen
und lädt zu stiller Einkehr ein,
bei Kerzenschein ein Buch zu lesen
und einem guten Tropfen Wein.

Wer möchte diese Zeit denn missen,
die wie ein Stopp uns zwingt zum Halt,
damit wir wieder Wege sehen,
aus unsrem selbstgepflanzten Wald.

Drum ist die Zeit der kurzen Tage,
wie eine Probefahrt bei Nacht.
Sie zeigt im Dunkel die Gefahren,
die wir bei Licht oft nicht bedacht.

Die Zeit vor Fernseher und Computer,
ist oft eine verlorene Zeit,
wo wir uns ganz darin vergessen,
doch was gibt sie an Wertigkeit?

Verse zu Advent und Weihnacht

Was wohnt hinter den Fenstern?

Ich geh' durch unsre dunkle Stadt,
in kleinen Gässchen ist zu finden
noch das, was einen Zauber hat
und was wir mit Advent verbinden.?
An Fenstern bleib ich manchmal stehen,
in denen echte Kerzen brennen,
nicht dieser helle Lichterglanz,
den wir aus den Geschäften kennen.

Sie brannten schon Wochen vorher,
ehe die stille Zeit begann,
es sang sogar der Weihnachtschor
von Winter und verschneitem Tann.

Das Fest wird heut nur noch vermarktet,
der Sinn, er ging schon lang' verloren,
denn wer zum Fest gen Süden startet,
weiß sicher nicht, wer da geboren.

Doch dieser Jemand wird oft wichtig,
wenn Krankheit diese Welt zerstört
und man begreift, es ist wohl richtig,
dass man auf diese Stimme hört.

Ich wünschte, dass nicht erst das Leid,
die Menschen an die Krippe leitet,
denn dieses Herz, es ist so weit,
es hat die Liebe ausgebreitet.

Das Kind nimmt jeden gerne auf
wenn er sich zögernd zu ihm wendet.
Er selbst ging einen schweren Weg,
damit er uns den Segen spendet.

Advent

Advent beginnt mit Vorbereitung,
was hab ich dafür zu bedenken?
Es ist doch noch so lange Zeit
zu fragen, was werde ich wohl schenken?

Für einen dies, für jenen das,
die Überlegung ist schon krass.
Sie raubt mir in der schönen Zeit,
die Ruhe und das macht kein Spaß.

Doch steht der Spaß für Adventzeit?
Ich glaub' da hat sich was verschoben,
denn Weihnachtsmarkt und Lichterglanz,
die haben das Fest ganz schön verbogen.

Ich überleg, was war denn da
und muss sehr weit zurück im Leben.
Da war ein Zauber, ahn ich noch,
den meine Eltern mir gegeben.

Wenn dann die Weihnachtsglocken klangen,
dann war dein Herz froh und bereit,
den Herrn der Welt auch zu empfangen.
O, gnadenreiche Weihnachtszeit.

Zum Geburtstag

Blumen sind Spiegel der Seele,
die im Menschen unsichtbar,
doch was wär er wenn sie fehlten,
in dem Leben rein und klar.

Erst durch sie wird Liebe, Güte
sichtbar, taucht der Mensch ins Licht
und entfaltet seine Schönheit,
die von innerer Wärme spricht.

Öffnet ihre Blätter langsam
und hält Knospen noch bereit,
wenn schon viele Blüten waren,
bis in die Unendlichkeit.

Viele Blüten hat Dein Leben,
schon gezeigt, ganz wunderbar.
Dass noch viele Knospen treiben,
wünschen wir, das ist doch klar.

Gott möge deine Seele nähren,
viele Jahr, das wünschen wir
und Dir Glück und Freude schenken,
Gottes Segen über Dir.

Das Herz im Advent

Das Herz es ist der Motor,
der ständig laufen muss.
Wir denken an ihn wenig,
im Lebensüberschuss

Erst wenn er streikt und stottert,
besinnen wir uns drauf,
und das ist oft bedrohlich,
drum passt gut auf ihn auf.

Der Motor unsres Wagens,
der wird schon mehr gepflegt,
obwohl das Herz, ihr lieben,
die Lebensuhr bewegt.

Es läuft vom ersten Tage,
da du die Welt betrittst,
vielleicht gar 100 Jahre,
das hält kein Auto mit.

Drum gönne ihm mal Ruhe,
jetzt in der Adventszeit .
Der Spargang könnte helfen.
zu mehr Gemütlichkeit.

Dann werden die Weihnachtstage,
dich überreich belohn,
denn Friede bei den Menschen,
verspricht der Gottes Sohn.

Advent

Ist das eine Zeit, die Ruhe verspricht, in der der Hass und
die Zwietracht zerbricht,
und Liebe wächst zu Mensch und Natur? Da sitzen wir
wohl auf der richtigen Spur.

Doch gerade das ist für uns oft so schwer, weil der Neid
und der Stolz uns befällt wie ein Heer.
Besetzt unsren Kopf, ob fern, ob zu Hause und hetzt uns
durch die Zeit ohne Pause.
Doch führt dieser Lauf uns zuletzt in den Stall, wo ein
Kind geboren, das für uns kam zu Fall.
Fragt nicht, ist Besitz oder Armut dein Teil, denn es kam
in die Welt zu unserem Heil.

Kerzen im Advent

Brennen Kerzen im Advent,
anders als das Jahr hindurch?
Oder ist es dieser Zauber,
den man aus der Kindheit kennt?

Dieser warme Kerzenschein.
Streichelt die gestresste Seele
und wir sehnen uns danach,
dass er uns auch heut nicht fehle.

Jedes Jahr für ein paar Wochen,
steigen wir in diesen Zug,
den die Werbung präsentiert
und dann wird von Gott gesprochen.

Denn die Weihnachtslieder klingen,
überall schon vor der Zeit
und wer denkt dabei schon noch,
dass sie von Erlösung singen.

Dieses Fest ist so vermarktet,
dass den eigentlichen Sinn
viele Menschen nicht mehr kennen,
denn auf was wird dort gewartet?

Ein paar Tage arbeitsfrei?
Wer wird an den Herr Gott denken,
denn am großen Gnadenfest,
gehen sie achtlos vorbei.

.

Weiße Weihnacht

Die weiße Weihnacht, bleibt sie aus?
Der Himmel, er ist grau verhangen.
Die Wolken scheinen schwer zu tragen,
doch was, das wollen sie nicht sagen.

Vielleicht kommt in der Dunkelheit,
Väterchen Frost und lässt gefrieren,
das Nass zu leichten Sternenflocken,
damit am Morgen wir frohlocken.

Verzaubert glänzen Baum und Strauch,
geschmückt mit tausenden Kristallen.
Es liegt ein leichter weißer Hauch
und Glocken über Täler hallen.

Das ist die Weihnacht, die wir kennen,
Erinnerung erwärmt das Herz
und wenn am Baum die Kerzen brennen,
gehen die Gedanken Himmelwärts.

Licht der Kerze

Licht der Kerze Advent,
bricht das Dunkel, wenn sie brennt.
Flackert zwar beim kleinesten Wind,
doch ist mutig, wie ein Kind.

Kinder öffnen harte Herzen
und vertreiben manche Schmerzen,
so wie dieses kleine Licht,
das so manche Schale bricht.

Oft zerschmelzen Streit und Zorn,
wenn ein Kindlein wird geboren.
Diese Unschuld, die es zeigt,
deutet auf die Ewigkeit.

Kann der Mensch das je begreifen,
das er wachsen muss zum Reifen
und vom Herrn zur Erntezeit,
heimgeholt wird in sein Reich?

Sehnsucht nach Gott

Herr, ich sehne mich nach Dir,
doch ich fühle mich fern von Dir
und die Angst sie schleicht herein,
dass ich für Dich wertlos klein.

Es geschehen viele Dinge,
die ich nicht zum Ende bringe
und ich fühle mich allein,
denn mein Herz es ist nicht rein.

Wie oft hab' ich neu begonnen
und der Vorsatz ist zerronnen.
Niemals werde ich verstehen,
Du willst trotzdem mit mir gehen.

Tausend Mal kannst Du verzeihn,
lässt den Sünder nicht allein.
Schenkst mir Wärme und Dein Licht,
das durch dunkle Mauern bricht.

Segen aus der Krippe

Segen aus der Krippe,
strahlt zu jeder Zeit.
Gott hält seine Gnade,
auch für uns bereit.

Denn er liebt die Menschen,
wo sie immer stehen
und er fragt uns alle,
„Wollt ihr mit mir gehen"?

Glocken

Glocken läuten Advent und Weihnachten ein.
Sie haben einen besonderen Klang
und öffnen die Herzen in Stadt und im Land.

Sie werden verstanden, egal wo sie klingen.
Es gibt wohl keinen, der sie ignoriert
denn ihr Klang spricht von Wärme
und von Gott, der uns liebt.

Seit ewigen Zeiten ertönt ihr Geläut.
Auch jeder von uns hat einen besonderen Klang,
den Menschen gegeben,
als die Erde entstand

Für kurze Zeit ist es uns anvertraut,
im Herzen der Menschen die Töne zu wecken,
die sich oft in verdunkelten
Räumen verstecken.

Dass wir sie erhellen mit unserem Licht
und uns mit den himmlischen
Glocken vereinen,
damit die Menschen
Gott loben,
die Großen und Kleinen.
M.G.

Das Neue Jahr

Das Jahr, es ist vergangen,
wohin ging wohl die Zeit?
Du wartetest mit Bangen
und voller Lebensfreud

Du hast geplant schon lange,
bevor es ging das Jahr.
Das Neue ist stets Anfang,
noch alles wunderbar.

Das es gelingen möge,
wie du es dir ersehnst,
dass es nicht Träume bleiben,
die du bald nicht erwähnst.

Und doch musst du gestehen,
das Wünsche unerfüllt,
dir unerwartet geben,
was dir vorher verhüllt.

So ist der Jahreswechsel,
wohl jedes Jahr ein Tor,
zu den geheimen Wünschen
und wir, wir stehen davor,

und hoffen, dass das Neue,
vielleicht den Frieden bringt.
Das ist der Wunsch von allen,
egal woher sie sind.

Jahreswechsel

Letzter Tag des Monats kennst du,
Ultimo, das Geld ist weg.
Erster Tag im neuen Monat,
heiß ersehnt, du kriegst den Scheck.

Dann kannst du erneut durchstarten,
denn Ideen hast du viel,
doch das geht nur ein paar Tage,
dann beginnt das alte Spiel.

An Sylvester geht es ähnlich.
Was nimmst du dir alles vor,
doch der Alltag tötet alles,
darum hüte dich davor.

Hake ab, was schlecht gelaufen,
nimm es nicht ins Neue Jahr.
Besser, du bist unbelastet
und dein Kopf ist super klar.

Fastnacht

Diese 5. Jahreszeit,
ist mit gar nichts zu ersetzen,
weil sie all die Horrordinge,
platzen lässt in tausend Fetzen.

Das Gehirn ist programmiert,
auf den Frohsinn und das Lachen.
Du erfasst in diesen Tagen,
selbst die unsinnigsten Sachen.

Kannst dich endlich mal erholen,
Stress und Sorgen sind passee.
Du tauchst in den nächsten Wochen
Ein, in Frohsinn bis zum Zeh.

Diesen hat die Zeit von heute
Nötiger, als je zuvor.
Darum sing die Fastnachtslieder,
schallend mit im Narrenchor.

Denn Musik und frohe Lieder
Wirken in dem Kopf für wahr,
wie der Hausputz in der Wohnung,
wischen alles wieder klar.

Dann kommt 40 Tage fasten
und das macht dich fit zum Lauf,
für den Marathon des Lebens,
bis die Puste wieder aus.
Helau

Klare Luft

Die Luft ist klar, die Bäume kahl
ich sitz verträumt am Fenster.,
Der Himmel färbt sich langsam rot,
ein Vogel holt sein Abendbrot.

Er pickt an einem Netz voll Körnern,
schaut ängstlich dabei hin und her,
denn Katzen schleichen durch den Garten,
da heißt es –weg -, nicht lange warten.

Der Hunger ist noch nicht gestillt
und ich hätt' gern noch zugeschaut,
doch langsam kommt die Dunkelheit
und alles ist zum Schlaf bereit.

So geht der Tag und weißer Nebel
steigt langsam aus dem Boden sacht.
Er zaubert eine Märchenlandschaft,
sie speichert für den Morgen Kraft.

Jetzt übernimmt der Mond das Ruder,
beleuchtet silbern blass die Welt
und er weckt Träume, die bewegen
das Leben, denn in ihm wohnt Segen.

So ist der Abend und der Morgen
ein Abschied und ein Neubeginn.
Das war schon vor Millionen Jahren
und bleibt, bis zu den letzten Tagen.

Der Mensch nur hastet durch die Welt
und stapelt seinen Reichtum auf,
doch Lebensjahre sind Geschenk.
Schad', dass er das nicht bedenkt.

Alltagseinerlei

Es war an einem trüben Tag,
der Wecker rief zum Aufstehen,
ich wehrte mich – nein, jetzt noch nicht -,
doch ein Termin rief, du musst gehen.

Alles lief schief an diesem Morgen,
ich hatte einfach keinen Plan.
Es ging nicht, denn der Antrieb fehlte,
was fang ich mit dem Tag nur an?

Das wär ein Tag zum Träumen, dacht ich
und was fällt mir dazu nun ein?
Gedanken flogen durch den Kopf,
ich wünschte mir, noch jung zu sein.

Der Zirkus war in jungen Jahren,
für mich, einfach die Zauberwelt.
Warum das nicht nochmal erfahren?
Faszination im Zirkuszelt.

Die Karte online war bestellt,
per Flugzeug ging es nach Las Vegas-
Ehe ich begrüßt als Ehrengast,
war der erträumte Plan geplatzt

Ich war trotzdem nicht mal enttäuscht,
waren doch für kurze Zeit in mir
geöffnet viele Räume,
auch wenn's nur waren meine Träume

Und mir wurd' klar, das Einerlei
im trüben Alltag, es kann geben,
wenn den Gedanken Flügel wachsen,
auch Freude und ein frohes Leben.

Friedhofsstille

Der Gang über den Friedhof,
ist wie ein Blick in die Ewigkeit.
Alle die hier friedlich ruhen,
lebten mit uns vor langer Zeit.

Ich lese die Namen
und sie stehen vor mir.
Was hat uns verbunden,
seit wann sind sie hier?

Ein Blick auf das Datum,
das kann doch nicht sein,
sah ich sie nicht kürzlich?
Die Zeit holt mich ein.

Ich besuche sie gerne,
hole zurück ihre Zeit.
Es sind zwar nur Träume,
ganz nah, oder weit.

Ein Teil meines Lebens,
liegt eigentlich schon hier.
Die Erinnerung an sie alle,
ist ganz lebendig in mir.

So ist dieser Gang,
wie ein Treffen von Freunden
und ein leiser Gesang,
zwischen Gräbern und Bäumen.

Themenverzeichnis

Bereits erschienene Bücher

1982 „Das kleine Haus hinter dem Deich"
2014 „Glauben gegen den Strom"
Herausgegeben vom Verlag make a book,
2015 Ein Gedichtband „Leise Verse"
2015 Titel: „Worte", alltäglich gesprochen, welchen Sinn geben wir ihnen.
2015 Wecke die Träume deiner Seele Gedichte und Meditationen mit vielen selbsterstellten Grafiken,
2015 Kinderbuch „Ich bin der kleine Wassergeist
2016 Roman Familien im Schmelztiegel
2016 Abenteuer der Riesenkrake
2016 Geschichten, die das Leben schreibt
2017 Sprichwörter
2017 Der Wald der sprechenden Bäume